AF595732

PROJET
D'INSCRIPTIONS
HISTORIQUES

À PLACER SUR LES MONUMENTS PUBLICS

DE LA VILLE DE PARIS

1893

PARIS
IMPRIMERIE NOUVELLE (ASSOCIATION OUVRIÈRE)
11, RUE CADET, 11

1893.

ÉDIFICES CIVILS

Hôtel de Ville.

CET ÉDIFICE

A ÉTÉ CONSTRUIT DE 1874 A 1885

PAR THÉODORE BALLU ET ÉDOUARD DEPERTHES

SUR L'EMPLACEMENT

DE L'ANCIEN HOTEL DE VILLE

ÉLEVÉ PAR LE BOCCADOR

EN 1533

ET DE LA MAISON AUX PILIERS

ACQUISE PAR ÉTIENNE MARCEL

LE 7 JUILLET 1357

Bourse.

LE PALAIS DE LA BOURSE

A ÉTÉ COMMENCÉ

PAR ALEXANDRE THÉODORE BRONGNIART

EN 1808

ET ACHEVÉ PAR LABARRE

DE 1813 A 1826

Institut.

L'INSTITUT DE FRANCE

ANCIEN COLLÈGE MAZARIN

OU DES QUATRE NATIONS

A ÉTÉ CONSTRUIT

SUR LES DESSINS DE LOUIS LEVAU

PAR PIERRE LAMBERT ET FRANÇOIS DORBAY

DE 1662 A 1684

Palais de Justice. Salle des Pas-Perdus.

GRANDE SALLE DU PALAIS

BATIE SOUS SAINT LOUIS

RECONSTRUITE PAR SALOMON DE BROSSE

A LA SUITE DE L'INCENDIE

DU 7 MARS 1618

ET RÉPARÉE EN 1872

Conservatoire des Arts et Métiers.

CONSERVATOIRE DES ARTS ET MÉTIERS

FONDÉ PAR DÉCRET DE LA CONVENTION

DU 19 VENDÉMIAIRE AN III

(10 OCTOBRE 1794)

INSTALLÉ DANS LES BATIMENTS

DE L'ANCIEN PRIEURÉ DE SAINT MARTIN DES CHAMPS

Observatoire.

L'OBSERVATOIRE

A ÉTÉ CONSTRUIT

PAR CLAUDE PERRAULT

DE 1667 A 1672

Opéra.

CE THÉATRE

A ÉTÉ CONSTRUIT

DE 1863 A 1875

PAR L'ARCHITECTE

CHARLES GARNIER

École Militaire.

L'ÉCOLE MILITAIRE

A ÉTÉ CONSTRUITE

DE 1751 A 1782

PAR L'ARCHITECTE JACQUES-ANGE GABRIEL

*

Ministère de la Marine.

LES DEUX COLONNADES
DE CETTE PLACE
ONT ÉTÉ CONSTRUITES
DE 1762 A 1770
PAR L'ARCHITECTE JACQUES-ANGE GABRIEL

Palais de la Légion d'honneur.

ANCIEN HOTEL DE SALM
CONSTRUIT DE 1782 A 1786
PAR PIERRE ROUSSEAU
AFFECTÉ A LA CHANCELLERIE
DE LA LÉGION D'HONNEUR
EN 1803
RESTAURÉ AUX FRAIS DES LÉGIONNAIRES
APRÈS L'INCENDIE DE 1871

École de Médecine.

ÉDIFICE CONSTRUIT
DE 1769 A 1786
PAR L'ARCHITECTE JACQUES GONDOUIN
POUR L'ACADÉMIE ROYALE DE CHIRURGIE
AFFECTÉ A L'ÉCOLE DE MÉDECINE
PAR LA CONVENTION NATIONALE
DÉCRET DU 12 FRIMAIRE AN III (2 DÉCEMBRE 1794)

ÉDIFICES RELIGIEUX

Notre-Dame.

L'ÉGLISE NOTRE DAME
CATHÉDRALE DE PARIS
COMMENCÉE EN 1163
PAR L'ÉVÊQUE MAURICE DE SULLY
A ÉTÉ ACHEVÉE AU COMMENCEMENT
DU XIVe SIÈCLE
ET RESTAURÉE
PAR LASSUS ET VIOLLET LE DUC
DE 1856 A 1874

Saint-Eustache.

L'ÉGLISE SAINT EUSTACHE
COMMENCÉE LE 19 AOUT 1532
A ÉTÉ TERMINÉE PAR L'ARCHITECTE
CHARLES DAVID EN 1642
LE PORTAIL ACTUEL A ÉTÉ CONSTRUIT
DE 1754 A 1788

Saint-Étienne-du-Mont.

L'ÉGLISE SAINT ÉTIENNE DU MONT

A ÉTÉ COMMENCÉE EN 1531

LE JUBÉ CONSTRUIT ET DÉCORÉ

DE 1600 A 1609

PAR PIERRE BIARD

LA FAÇADE EST DE 1610

Saint-Nicolas-des-Champs.

L'ÉGLISE SAINT NICOLAS DES CHAMPS

A ÉTÉ RECONSTRUITE

DE 1420 A 1480

ET AGRANDIE AU XVIe SIÈCLE

Saint-Pierre-de-Montmartre.

LE CHŒUR ET LA NEF

DE L'ÉGLISE SAINT PIERRE

ONT ÉTÉ CONSTRUITS

DE 1133 A 1147

Panthéon.

L'ÉGLISE SAINTE GENEVIÈVE

CONSTRUITE DE 1757 A 1770

PAR L'ARCHITECTE SOUFFLOT

A ÉTÉ TRANSFORMÉE EN PANTHÉON FRANÇAIS

EN 1791

Sainte-Chapelle.

LA SAINTE CHAPELLE DU PALAIS

FONDÉE PAR SAINT LOUIS

A ÉTÉ CONSTRUITE DE 1245 A 1248

Couvent des Célestins.

SUR CET EMPLACEMENT

S'ÉLEVAIENT

LE COUVENT ET L'ÉGLISE DES CÉLESTINS

FONDÉS PAR CHARLES V EN 1365

ÉDIFICES DÉCORATIFS

Arc du Carrousel.

CE MONUMENT
A ÉTÉ CONSTRUIT DE 1806 A 1808
PAR LES ARCHITECTES
PERCIER ET FONTAINE
ET DÉCORÉ PAR LES SCULPTEURS
BOSIO, ESPARCIEUX, CARTELLIER
RAMEY PÈRE, CLODION
DESEINE ET LESUEUR

Arc de l'Étoile.

CE MONUMENT
COMMENCÉ EN 1806
PAR CHALGRIN
A ÉTÉ ACHEVÉ
PAR ALBERT BLOUET
EN 1836

Porte Saint-Denis.

CETTE ANCIENNE PORTE DE LA VILLE
ÉRIGÉE EN L'HONNEUR DES VICTOIRES
DE LOUIS XIV
A ÉTÉ CONSTRUITE EN 1672
PAR L'ARCHITECTE PIERRE BULLET
SUR LES DESSINS
DE FRANÇOIS BLONDEL
LES SCULPTURES SONT DE
GIRARDON ET DE MICHEL ANGUIER

Porte Saint-Martin.

CETTE ANCIENNE PORTE DE LA VILLE
ÉRIGÉE EN L'HONNEUR DES VICTOIRES
DE LOUIS XIV
A ÉTÉ CONSTRUITE
PAR L'ARCHITECTE PIERRE BULLET
EN 1674
LES SCULPTURES SONT DE
DESJARDINS, LES DEUX FRÈRES MARSY,
LE HONGRE ET LEGROS

PARIS. — IMPRIMERIE NOUVELLE (ASSOCIATION OUVRIÈRE), 11, RUE CADET.
A. MANGEOT, DIRECTEUR. — 391-94

www.ingramcontent.com/pod-product-compliance
Lightning Source LLC
LaVergne TN
LVHW050519160826
845677LV00003B/1223